서호(西湖)

신동호 시집

서호(西湖)

서문

최광호 | (사)한국문화예술연대 이사장 |

 우리는 순결한 마음으로 쓰여진 시를 읽는 순간, 청류 같은 이미지에 가슴은 메어 오고 오로지 시 읽기에 몰두하게 된다. 이는 시인의 시로 인해 위안의 즐거움을 경험할 수 있기 때문이다.
 여기 신동호 시인이 금번에 상재하는 시집 『서호西湖』는 독자들이 위안의 즐거움을 느끼기에 부족함이 없어 보인다. 대체로 신동호 시인의 시는 자연을 통해서 삶의 일면을 무리 없이 표현하고 있다. 바로 자연의 일부로서의 인간 존재를 통해 삶의 본성을 유추해내고 있다.

 더 이상 물러설 수도 한 발자국도/ 옮길 여백이 없는 각진 기점에서/ 이맘때면 으레/ 내 안에 외줄기 강이 흐른다 // 노을 진 호숫가/ 거기엔 내가 있고 내 소년 있고/ 내일을 향한/ 참한 기도가 있어 좋다.
―시 〈서호〉 일부

시인의 내면화된 삶의 충동이 함축적으로 간결하게 이미지화되고 있다. 시인의 시적 공간은 회한의 아픔을 극복하는 공간이다.
위의 시는 삶의 아쉬움 속에서도 희망이 가득하길 바라는 시인의 역설적 의지가 드러나 있다. 이러한 역설적 표현은 시의 짜임새를 한층 돋보이게 한다.

4월이 오면 꽃씨를 심자/ 슬프게 운명하신 어머님 산소에/ 하얀 백합 꽃씨를/ 새벽이면 흰옷을 입으시고/ 섬섬옥수로 이 아들을 위해/ 정화수 떠 놓으시던 그 거룩하신 정성/ 백합 하얀 꽃 피어 5월 이른 아침에/ 달디단 향기가 곱게 피어나리라
―시 〈4월이 오면〉 일부

4월이라는 시적 공간에서 시인이 갈구하는 것은 어머니의 사랑과 그리움이다.
비인간화된 삶의 공간에서 사랑에 대한 절실한 그리움, 이 순박하고 온화한 그리움의 갈구는 삭막한 현실을 밝혀 주는 따뜻함의 이미지로 읽힌다. 여기서 '꽃씨'와 '백합'은 어머니의 이미지와 결부되

어 삶의 원형을 드러내는 시어로 쓰이고 있다.

> 젊은 시인의 마지막/ 노래가 별이 된다/ 별은 노래한다/ 아름답고 슬픈 얘기를…. // 흩어져 간 흰 구름만큼이나/ 많고 많은 지나간/ 후회를 쓰다듬고/ 아주 작은 은근한 미소로/ 별은/ 아픈 사람을 잠재운다.
>
> —시 〈별〉 일부

  시인은 시를 통해 삶의 의미를 끊임없이 성찰하고자 한다. 시인에게 시쓰기는 성찰의 도구이며 이를 통해 존재의 의미를 찾아가고자 한다. 이것은 삶의 의미에 대한 지속적인 해답을 찾는 과정이며 이러한 과정 자체가 얼마나 어려운 것인지 시인은 인지하고 있기에 그것을 찾기 위해 고뇌하고 있는 것이다. 이런 시인의 고뇌는 독자에겐 희망의 언어로 작용하여 읽히기에 감동받게 되는 것이다.

  신동호 시인의 시집 『서호西湖』를 읽으며 시를 통해 삶의 의미를 찾는 역할의 중요성을 다시금 생각해 본다. 모든 시쓰기의 근원은 삶의 가치와 진실의 추구이며 이를 통한 성찰의 자각일 것이다. 요즘처럼 가벼움이 미덕인 세상살이에 신동호 시인의 시를 읽으며 묵직한 시의 울림을 느낄 수 있어 서문 몇 자 남긴다.

2017년 1월 문학공간사에서

시인의 말

오래된 소망이었습니다.

시집을 발간할 수 있도록 이끌어 주신 하느님께 감사드립니다.

곁에서 항상 도와준 딸들, 아들 그리고 용기를 준 며늘아기에게 고마움을 전합니다.

이 시집을 출판하기까지 도움 준 문학공간사 여러분께도 감사 인사 올립니다.

사랑하는 손녀 유주, 다유 이제 세 살배기 손자 도유와 그리고 나를 사랑해 주는 모든 분들과 함께 이 기쁨을 나누렵니다.

2017년 1월에
신동호

신동호 시집 서호
차 례

□ 서문 | 최광호
□ 시인의 말

제1부 서호

1월 초 눈 오는 밤 —— 15
1월 밤 —— 17
4월이 오면 —— 18
3월은 가고 —— 20
봄비는 강에 내리고 —— 22
6월 어느 날 —— 24
9월 바람과 비 —— 26
가을 나그네 —— 27
10월과 상강 —— 28
남한강의 새벽 —— 30
갈대가 혼자 외로워질 때 —— 31
나이떡 해먹던 날 —— 33
추색 —— 34
추 —— 36
내가 날려 버린 세월 —— 38
계절 —— 40
서호 —— 41

서호 신동호 시집

차 례

제2부 불면의 봄

45 ───── 여름 편지
46 ───── 겨울나무
48 ───── 7월 여름밤의 찬가
49 ───── 여름살이
50 ───── 빗속에 젖어
51 ───── 추석
53 ───── 5월 이맘때
55 ───── 4월과 바람
57 ───── 간병인의 기도
59 ───── 별
60 ───── 입춘
62 ───── 찬서리
63 ───── 망향
64 ───── 겨울새
65 ───── 달 뜨는 집
67 ───── **불면의 봄**
69 ───── 봄소식
70 ───── 샘에 흐르는 물
72 ───── 난

제3부 나의 일상

친정 나들이 —— 77
6월 장미와 여인 —— 79
봄에 떠나는 여인 —— 81
잘 살아다오 —— 82
우정 —— 84
겨울에 떠난 사람 —— 85
저녁 안개 —— 86
가을이 오는 소리 —— 87
12월 —— 89
오신다더니 —— 90
연가 —— 92
나의 일상 —— 93
낙엽일러라 —— 95
그 사람 —— 97
소녀에게 —— 98
10월 강가에서 —— 100
강변에 서서 —— 102
어떤 밤 —— 103
불안의 내막 —— 105
근황 —— 107
비 오는 밤의 편지 —— 108
후회 —— 109

서호　　　　　　　　　　　　　　　　　　신동호 시집

제4부 신년 새해는

113 ──── 송년
115 ──── 신륵사
116 ──── 신년 새해는
118 ──── 먼 산 나무
119 ──── 보름달밤
121 ──── 4월은 회원의 달
123 ──── 병실에서
125 ──── 개천절
126 ──── 2008 겨울
128 ──── 겨울 허수아비
129 ──── 서낭당 할아버지
131 ──── 등대
133 ──── 초겨울 산사
135 ──── 통일
136 ──── 손수건
138 ──── 항념
140 ──── 외손자
141 ──── DMZ 비가 내린다

제1부 서호

1월 초 눈 오는 밤

한 해는 덧없이 가고
새해로 남아
별이 뜨고 진 뒤
바다 저편에서 돌아온 철새처럼
1월은
내 안에 다가와 안주하고 있고

영감의 시처럼
가슴에 와
닻을 내린 건
그리움일까?

잠 아니 오는 밤
펑—펑
밖엔
눈이 자꾸 쌓이는데

그 사람은
이 밤

눈 내리는 창밖을
지금 어디쯤서
내다보고 있을까.

1월 밤

가만히 귀 대고 들어 보았니!
얼음장 밑으로 수런거리는
저
지맥의 숨소리를….
저물도록 묵화를 그리던 창
네가 내려다본
강 건너
눈 녹아 내린 산자락을
얼마 남지 않은 생애를 냉각시키고
산여울 폭포 속에
떨어져 간 열나흘날 겨울바람
그래도
돌칼에 날을 세우고
1월月 여인의 못다 한 생生이
천추의 여한으로 남아
밤이면
눈물도 얼어붙인 채
하얀 바람으로
몸부림친다.

4월이 오면

4월이 오면 꽃씨를 심자
슬프게 운명하신 어머님 산소에
하얀 백합 꽃씨를
새벽이면 흰옷을 입으시고
섬섬옥수로 이 아들을 위해
정화수 떠 놓으시던 그 거룩하신 정성
백합 하얀 꽃 피어 5월 이른 아침에
달디단 향기가 곱게 피어나리라

4월이 오면 꽃씨를 심자
멀리 가버린 당신의 발자국에
붉은 샐비어 꽃씨를
7월 태양 아래 정열을 불태워도
가을이 오도록 식지 않는 붉은 저녁노을처럼
피어나는 꽃
당신의 슬픈 사랑처럼
가고 없는 먼 길에 샐비어 꽃씨를 심으리라

4월이 오면

꽃씨를 심으리라
내 작은 창밖에 해바라기 꽃씨를
언제나 환한 미소로 내게 다가왔던 당신
당신의 환한 미소가 되어
목이 긴 내 창가에 항상
피어나게 하리라.

3월은 가고

멧새가 사는 마을을 향해
3월은 저물어 가고
꽃씨를 잉태한 4월 바람이
우리네 문설주에 와 머무를 때면
파란 잎새들이
꽃샘추위에 떨며 울먹이다가
양지녘에 불어온 봄기운으로
이제 막
기지개를
켜는 오후
성당의 종소리가 울려 퍼지는
아침이 오면
알알이 맺힌 이슬이
찬란한
햇살에 눈부시게 반짝일 텐데
아직 겨울잠에서
덜 깬 주막집엔
한나절 밭일을 끝낸 젊은 농부가
분뇨 지게를 진 채

막걸리를 마신다
물오른 진달래꽃 가지에
꽃봉오리가 맺혀 오르고
성황당 비탈길에
산수유 곱게 피어
노란 웃음이 마냥 향기롭다.

봄비는 강에 내리고

봄비는 강에 내리고
3월은 실버들 가지에
저무는데
사랑하는 내 뜨락엔
정성을 다해 키울 한 해
씨앗을 준비하지 못하였구나

세월은 가고
사랑은 남는 것
그 세월 속에 우리의 숭고한 사랑이
멀어진다 해도

시인의 젊은 가슴에
노래가 흐르듯
그렇게 4월은 오는 것

계절풍이 머물던 둥지에서
잿빛 날개를 달고
겨울 철새는 날아가고

시인의 눈매엔
지난날 아쉬워
다시금 오늘
꽃잎 되어 흐르네.

6월 어느 날

이젠
6월을 떠나는
너의 길목에서
죽음보다 더 큰
외로운 시를 낳는다
내가 쫓겨 가는
세월의 공간에
이젠 버려지는
피보다 진한 외로움

그래도
왜
하고 많은 사람들 중에
당신의 흔한 미소를
그리워 했는지?

별이 지는 이 땅에
아침 해가 떠오를 때면
나는 중절모를 쓰고

쓸쓸한 거리로 돌아가리라
어제 그랬듯이….

병실에 아침 해가
떠오를 때면….

9월 바람과 비

밤이 내린다
바람이 분다
9월 빗속
밤 숲에
툭!
툭!
알밤이 진다 그 알밤이
내 빈 가슴에
와 머문다
마지막 이 해
태풍이 지나려나 보다
내일 아침엔
일찍 혼자
산행山行을 떠나야겠다.

가을 나그네

한줄기 외로운
바람이 빗속으로
와서
내겐 이제 아무도 없는
빈 가슴을 적시고
가고 먼 세월
저편에서
한 여인은 내게
손을 흔든다
불타던 태양
아침 이슬에도 목마르던
이 대지에
푸름은 사라져 가고
부용화 시들어 간 정원에
가을 나그네가 찾아든다.

10월과 상강霜降

산 여울의
잎새들은 등불처럼
타고

이슬이 오던
거리로
이제 막 떠나온
겨울 나그네

젊은 시인이
허무한 정열을
불태우다
바다로 떠난
빈 포장마차

기적이 길게
울고 간 하행선
철길에

오늘
늦게 핀
들국화 한 송이가
된서리를 맞는다.

남한강의 새벽

강은 비에 젖어
가로등 등불은 바람에 젖어

인적 없는 새벽
혼자 걸어온
가슴 쓰린 심장에 얹혀
토해 버리고 싶은 지난날들
쓰러져 간
나무 턱을 파는
딱따구리의 선 울음

산사는 뒤에 두고
포도 위를 걷는다
강물을 타고 다 흘러가 버린 세월
외로운 바람에 꺾인 깃발 세우고
다시
새벽이 창문을 여는 아침.

갈대가 혼자 외로워질 때

갈대가 혼자 외로워지는 날이 있다
바람이 강 언덕에 부딪쳐 와
자꾸 흰머리를 흔들어 댈 때
물속이 다 환히 내다보이는데
작은 조약돌이 저희들끼리만
재잘거리며 강물에 얹혀 흔들려 갈 때
4월 해 길던 날 송사리 떼 발아래 앉히고
향기로운 송홧가루 받아 마시던
그런 봄날이 생각날 때
바람이 따뜻해서
아침 나절에 불어오면
피부 고운 소녀애가
작은 조각배를 타고 와
어머!
파랗고 예쁘게 잘도 자랐네
내 속살에 뺨을 부빌 때는
정말 행복했었다
지난 건 다 잊어버려야 하는 건데
강가에 살면서

그냥 지나는 사람들만 보고
손을 흔들어 주면 되는 건데….
갈대는 자꾸 희어져 가는
머리칼을 날리며 혼자
어느 가을 날
외로워지는 날이 있다.

나이떡 해먹던 날

언 돌을 깨우는 바람
어둠의 강은 풀리고
뭇 새 한 마리 찾아와
낯익은 울음을 던진다

눈 녹은 산허리
우수 경칩이 막 지난
햇살이 아직은 빈 거리에
머뭇거리는 오후

볼연지 곱게 물들이고
누이는 시집간 지
하마 오랜데….

검은콩 섞어
2월 초하루
나이떡 해먹던 날이
흡사
엊그제 같다.

추색

단풍은
욕망이 씻기는 바람에
푸름을 염색하고
태양의 신보다도 아름다운
소녀는
철새를 안고 애무하는 오후
누나의 머리맡에
풋 솜의 아늑한 베갯머리
무거운 보람을 이고
나목은 씨를 토한다

꽃꼭지 여무는 아픔
목마르게 마시던 6월의 훈풍은
아픈 피부 안에
원형의 과거 되어 진한 물빛으로
뱅그르르 돈다

해사한 바람
맑게 내리는 오후

마음의 창을 걷고
문발에 송송
바람이 새어 들고 있다.

추
―월요일의 시

유리알에 반짝이는 양광
채석장 쇠마치 소리에 와 멎고

노란 가을 햇병아리
빗물 여과되는 과정에
초록별색 순수한 생성의 대화를 배우다

광의 열쇠를 잃어버린
머슴은
파란 하늘 향해 온 하루 기도하다
히―
한 번 웃어 본 거기

꽉 찬 하루 하늘을 보내도
아픈 날개를 여미지 못한 채
분해되어 가는
아―
마음 갈래의 길

갈대
흰머리 땋아 불멸의
시를 배울까.

내가 날려 버린 세월

내가 날려 버린 새처럼
시간은 흘러갔다
쓰디쓴 커피에 슈거를 넣어 주던
그녀도 가고
낙엽이 지고
그 땅에
바람이 인다

하이얀 백지를 접어 날릴거나
그건 진한
핏빛이었다

바람개비 돌다 돌다 주춤 서 버린 여가餘暇에
난 꽃빛 되어 날을 건가

사각도 원형도 길다란 선도
그건 절대 아니었다
하나의 형태를 갖추려 할 때
세월은 가고

모래바람은 나를 태우고 향방도 없이 흐른다

가난한 나라에 임학林學을 배우다
윤간되던 소녀는
하이얀 밤에 울다 울다 죽어 가고
나는
그 밤에서부터
형성되어 가는 얘기를 안고

또
한 마리의 새를 길러야 된다.

계절

사랑은 믿음의 실체를 만들고
계절은 그리움의 씨앗을 낳는다

내가 남기고 간 빈자리도
12월 눈 속에 묻힌다

돌아보면 정녕 내 어제의 날들에서
향락의
그림자는 없는데

가야 할 곳도
머물러야 할 이유도 없다

여름날 축제는 이미 끝나 있었고
잎들마저 다 져 버리고 없는데

나는 어디로 갈까
갈 수 있을까.

서호 西湖

작은 호숫가에 내가 서 있고
갈매기의 유희는
오래 계속되고 있었다

난 무수한 단어를 잃어버린 채
그림자처럼
흡사
그림자처럼 서 있기로 했다

더 이상 물러설 수도 한 발자국도
옮길 여백이 없는 각진 기점에서
이맘때면 으레
내 안에 외줄기 강이 흐른다

노을 진 호숫가
거기엔 내가 있고 내 소년 있고
내일을 향한
참한 기도가 있어 좋다.

제2부 불면의 봄

여름 편지

8월 녹색 바람이
강 숲으로 와서
휘파람을 불다 가고

길고 먼 여행을 떠난 옛 벗이
내게 돌아오지 않는 강江

그렇게도 쏟아져 내리던 흙비 속에
너는 떠나갔어도

무성한 갈대숲에서
내게 다정했던 당신이기에

이젠 늦어 버린
여름 마지막 편지를 보낸다.

겨울나무

지나 버린 옛일이
그렇게 생각날 때면
솔향기 그윽한 산길을
거닐다
파란 하늘을 보면 된다
멀어져 간 옛 사람이
빈 가슴에 사무쳐 와도
바다를 건너 다시 돌아온
겨울 철새의 아픈 귀향
나목은!
체념의 형체로
화려했던 여름날을
기억하지 않으려
머리를 흔들며
혼자 씨를 토한다
세월은 덧없이 사라져 가고
사랑은 강물처럼 흘러가는 것
이젠
모두 잊고

새날을 준비하리라
그때 그 바람도
별도
하늘도
봄은 저만큼서
다시
내게 오고 있는데.

7월 여름밤의 찬가

7월 여름밤은
아름다운 빛깔의
한잔의 술을 마시고
향기롭게 취한다

벗은 여럿이 와도 좋고
넉넉한 마음에
님을 불러도 좋겠다

한낮의 뜨거운 열기로
열대어처럼
늘어졌던 가슴에 다시
싱그러운 아침을 짓고

7월 동산에 먼동이 터 올 때면
씩씩한 소녀들이
붉은 입술로
이젠 다 함께 모여
노래를 부를 시간이다.

여름살이

나성에 출렁이던
파도
비엔나 창공에
불어오던 7월 바람
동해변에
해초를 걷어 말리던
이젠 늙어 버린
해녀의 여름살이
내 스물세 살
순수한 사랑 꽃피었던
해안의 병촌
그건 다 지나 버린 일들
의미 없이 져 버린
패랭이꽃
나그네처럼
멀어져 간
내 젊은 시절의
여름이여.

빗속에 젖어

11월은 빗속에 젖어
태양은 대지에
구름을 얕게 내리고

천리天理를 거역한 지난날에
큰 죄는 깊이 묻어 둔 채
순한 입김을 골고루 너그럽게 뿌린다

산도, 강도
나무도, 바람도
늙은 지아비를 믿고
가난할망정
푸르게 살았던
계절은 가고

이제 나무는 등걸로만 남아
딱총새 무리들의 밭은기침 소리로
또 하루
저녁이 저문다.

추석

7월 장마에
자식처럼 아끼시던
벌밭에 올 곡식은 다 묻어 버리고

숯덩이처럼 까맣게 타 버린
처절한 가슴으로
보리밥 한 술 못 뜨신 채
더운 날 그루밭에 김매러 떠나시던
어머니!

된서리 호박잎이 반쯤은 낙엽처럼
시들어 가면
풀가시 물든 속적삼을
그제서야 빨아 말리시고

가재 흔하던 물레방앗간에서
짚불에 감자를 구워 주시며
들려주시던 청홍각시 얘기
귀에 익은데

이 못난 자식이 올 핸 올콩을 따서
송편을 빚습니다
삼가 영전에 물 한 모금 드리옴이
어찌 이리 더디옵니까만

섬섬옥수의 가르침으로
달 밝은 이 중추에
햇배를 고이 깎아 진설하오니
흠향하시옵소서.

5월 이맘때

늦은 가래질 끝낸
긴 논두렁
두벌갈이 논마다
아기 주먹만 한 우렁이
흔하게 건져내던 때가
5월 이맘때였을 게다

미루나무 상수리
열매 흰 꽃이 피어 바람에 날리고
찔레꽃 머리 가뭄에
밀짚 조랭이 펴고 자며
물쌈하던 때

보리순이 누릇누릇
여물어 가는 해 저물녘
작은 절 치성을 올린
흰옷 소복한 여인이 눈물 젖은 손으로
함지박 받쳐 이고 가며
목메던 날

5월 이맘때였을 게다

갈 꺾던 시절
누리 살 묻어 몹시 가렵던 겨드랑
베잠방이 입고
풋 갈 한 짐 진 논에 쏟고 올 때
뱀 물릴라! 너무 늦게 다니지 마라
어머님 생존 시

동구 밖 마중 나오시던 그때가
아마 5월 이맘때였을 게다.

4월과 바람

진정 서러운 건
꽃잎이었다
열여섯 나이에 누나는
시집을 가고 내 아홉 살
나뭇짐에 꽂혀 돌다리를
건너오던 시들은
진달래
꽃 한 송이
서러운 건 풀잎이었다
새색시
시집 마련에 어미 소는
장에 팔려 나가고
허기진 배로 아직은
이른 작은 풀잎을
뜯으며 목메던
어린 송아지
정녕 서러운 건
바람이었다
겉보리를 찧어

날리던 디딜방앗간에서
전선으로부터 온 남편의
전사 통지를 가슴에 안고
애통하시던 어머니
이제 내겐
아무도 없고
그건
어머님 마지막 가시던
길에 일렁이던
4월 바람이었다.

간병인의 기도

눈을 감으면
저문 바람이 내게 다가와
때묻은 배낭을 지고
도시의 거리로 모두 떠난 뒤
K
조금 아팠습니다
이 허허로운 마음이
하늘만큼 바다만큼 끝이 없는데
그대는 달에서 잘못 내려온 선녀처럼
내 곁에 머물러
가만히 한숨을 삼키고 있군요
K
작고 가난한 자에게
사랑을 나누어 줌이
얼마나 아름다운 일인지요
우리 모두 아픈 사람들이
드릴 게 없는데
당신은 그저 사랑인 채
우리들 곁에 머물러 기도하시는군요

K
이 어둠의 강들이 머리를 풀 때
증오의 눈빛이 아주 없는 세계로
우리들이 나란히 갈 수 있을는지요?
K
그대는 우리 모두의 등불이십니다.

※자원봉사자 김석순 여사님께

별

어제 태어난 아기의
이름이 별이 된다
허무한 생을 살다 간
젊은 시인의 마지막
노래가 별이 된다
별은 노래한다
아름답고 슬픈 얘기를….

흩어져 간 흰 구름만큼이나
많고 많은 지나간
후회를 쓰다듬고
아주 작은 은근한 미소로
별은
아픈 사람을 잠재운다.

입춘

마음밭에
그리움 씨 뿌리고 간
네가
봄이 오는 들녘에
저녁 안개처럼 피어나도

어제인 줄 알면서
후회 없이 지내 왔던 건
투박한 외투 자락에
치고 가는
보리밭 밟고 지내던
싱그러운 바람 때문이다

구수한 소여물 끓여 내는 초가집
모락 연기
마늘 밭 태워 검은 텃밭에
그을린 말뚝처럼
내가 서 있는 이곳이
고향인가 타향인가

그래도
아파트 그늘진 곳에
알밴 가재 흔하게 움켜 내던
3월은 내게 오겠지

추설거리는 겨울 마지막 바람이
오늘 별빛인 양 돌에 얹힌다.

찬서리

찬서리 내리는 저녁
기러기 날고
산배머리 바위 숲에
단풍이 혼자 붉어 가는데

아흐레 장
재 넘어 가신
엄닌 오시지 않고
등에 업힌 우리 아기
배고파 우는데

길섶에
늦게 핀
노오란 들국화
향기가 곱다.

망향

7월
녹색 바람이
도시 거리에 내릴 때면
내 잃어버린 세월
서러운 가슴속에
빛살이 삭아 가고

날개를 접은
작은 새가 되어
밤은
눈물에 젖어 오는데
천둥 치던 장맛비에
내 청춘이 부끄럽던 시절

그때
못 잊어
혼자 한잔의 커피을 마신다.

겨울새

멀리 보이는
작은 산 너머에
잔 구름이 무던히도
희게 피어나던 날
텅 빈 가슴에
큰 한숨 몰아쉬고
되돌아오던 길

우리 황홀했던
그런 날들이 만선의 깃발처럼
펄렁거리며
바다로 떠나고
동편에 떠서 다시 지는
저 서러운 달빛은
너를 닮았나 보다

이젠 떠나갔던 겨울 다시
돌아오는 길목
이 추워 오는 계절에
시린 가슴이 나그네처럼 허허롭다.

달 뜨는 집

마늘 밭 가생이로
아욱대 씨가 여물어 가고
그믐달이 다 지도록
멍석을 깁던
새경 네 가마 머슴살이
흔식이네

앞개울 달이 뜨면
재잘거리던 여인들 멱 감는 소리
오지랖이 넓다고
언제나 구박이던 흔식 어미는

개천물이 불어
붉은 북정물이 쏟아져 내릴 때
홑 상여로
세상을 떠났다

바깥마당 모깃불에
눈이 아리던

그때 그 시절 내 어릴 적
달 뜨는 집
언제나 나를 베개 삼아 무릎에 눕히시고
들려 주시던 어머님 콩쥐 팥쥐 이야기
지금도 귀에 익는데….

불면의 봄

잠자리 펴자면
회곡의 육체로
부어 오는 어제로의 가슴

부엽토 볕바른 땅에
고요한 재탄의 의미로 모처럼
나목은 목마른데

열두 꾸러미
고통을 분만하던
암탉의 생리로
무의미한 체온을
동그랗게 토하고는
수없이 잃은 자산
타성으로 빈 항아리에 어깻죽지를 편다

별 지는 아침과
물오른 풀줄기 새로
접어지는 날과

나를 서성이게 할 공원에의 바람은
멋대로 불게 버려두고

훗날
뜨락에 수북이 쌓일
낙엽 때문에
조용히 비가 내리는 밤이면
아프게 그런 걸랑 잊어버리고 싶은 건가 보다.

봄소식

별들도
나무도
바람도
겨울 숲에서
움츠렸던 작은 새들도

환희의 역마로
실려 오는 기쁜 소식을 듣는다
봄은!
하늘 끝 닿은 안개 숲으로 와서
핑크색 작은아씨의
얇은 옷자락에 와 머물고

온 하루 혼자 서성이다
돌아와 앉은 시인의 창에
오늘
붉은 장미 한 송이로
배달되어 온
사랑.

샘에 흐르는 물

저으기
놀라 깨어 보면
아득한 얘기처럼
밤!
미학을 배우다 지쳐 누워 버린
내 누이의 머리 위엔
온통
꼭두서니 빛

그 원형의 가장자리에
결코 모지고 싶지 않은
원리
지극히 순수한 결론이고 싶은
원리原理가
좔좔 고이다가
내 안에 브리핑 되는 백팔 번뇌
원색의 기폭에
번져 오는 색색의 형용
그 달한 내음

위선의 풀 먹여 뻣뻣한 제복의 푸름 더욱 빛나라
샘은 맑아서 고와서
아득한 얘기처럼
체내에 흐르다가 바다로 가고
꿀벌의 주위를 배회하는 울타리 둘레
다시 고이는 샘물 먹고 취한다
맴맴
고추 먹고 맴맴.

난蘭
―난의 비가

소녀의 살결처럼
희게 피어
별의 전설로 저버리는
목이 긴 사랑의 얘기입니까

이끼 낀 바위틈에 자라서
차가운 바람에도
얼지 않는 뿌리는
피어도 씨 없는 설움입니까

떨어진 잎이
다시
꽃이 됩니다

피 식은 가슴
가슴
동강난 허리의 철조망을 돌아서

묻어오는 순한 향기는

젊고
가난한 우리들의 시입니까.

제3부 나의 일상

친정 나들이

금세 갈 걸
왜 왔니
엄마는….
그래 알았다
그새 신랑이
보고 싶어졌나 보구나
그런 거란다

친정은 늘 그립고
막상 떠나와 보면
혼자만 두고 온 집이
안쓰럽더라니

다독이려 챙겨 주는
깻잎이랑 참기름을
가방에 넣고
동구 밖 장승박이를
딸애는 총총히 멀어져 갔다

바알간 볼에 부딪치는
정초 바람이
아직은 찬데….

6월 장미와 여인

여인은 가시 돋친
장미꽃을 물고
살아간다
6월 하늘에 핀
뭉게구름처럼
희디흰 젊은 가슴에
당신만을 위해
살겠노라던
굳은 언약이
슬픈 기다림일지라도
오늘
돌도 바람도
강江이 좋아지는 건

6월 언덕에 피고 지는
붉은 장미라는 걸
우리의 여인들이
이고 살아가야 할

장미 꽃술만큼이나
아름답고
진한 사랑이라는 걸.

봄에 떠나는 여인

그대는 떠나고
내 마음 아픈 계곡에
이맘때면
꽃 피는 4월에도
외로운 한줄기
바람이 불어와
연분홍 진달래
꽃잎에 이슬 맺힌다
왜 가야 하는지
돌아가야 하는지
산을 떠나간
겨울새처럼
그녀는 말이 없었다
행려를 가는
젊은 수도승같이
봄에 떠나간 여인.

잘 살아다오

사각도
원형도 길다란 선도
그건 아니었다
내 일생一生이
형태를 갖추려 할 때
내게서 멀어져 가는
모든 사람들

길들여 온 보라매를
먼 하늘에 날려 보내고
돌아서 오던
산허리에
허허로운 바람이었다

아빠
하나를 잃는다 생각하지 말고
둘을 다시 얻는다
생각하셔야 돼요

딸애는 어느새
어엿한 어른이
되어 있었다
그래 알았다

예쁜 아기 낳고
아주 행복하게
너만 잘 살아다오.

우정

6월의 태양은 빛나도
젊음은 사라져 가는 것
한줄기 소낙비 속에
잠깐 머물다 간
사랑을 운명이라 생각하지 말자
우리가 끝없이 걸어야 할
길이었기에
잎이 피고 지는 것을!
이제 바다처럼 길이 열려
우리의 인연이 맺어졌으니
세월이 다 가도
계절은 때묻지 않는 법
푸른 잎새처럼
너와 나의 우정은
영원하리라.

겨울에 떠난 사람

우리가 잊을 수 없는 건
멀어져 간 여름날의
숲속 그림자들이며
가을 들녘에 피어 흩날리던
들꽃 향기였다

겨울비 내리고
다 죽어 간 마른 잎들이
타고 남은 재가 되어
그리움의 씨가 여물도록
핏빛으로 지는 해와 함께

덧없는 먼 동네 이름처럼
겨울 바다로 그는 정녕 사라져 갔다
이 추운 계절에
안주하지 않는
세월의 사람들 속으로!

저녁 안개

강가에 서면
오고 가는 뱃길은
안개에 젖어
동그란 얼굴이
가슴에 남아
어깨를 툭 치며
내게 기대 올 것만 같아 돌아보면
눈물 글썽이며 떠나온
초가삼간 내 고향 집
희고 고운 조롱박이
누나 스카프를 쓰고 아무렇게나
얹혀 살고 있겠지
혼자 노닐던 시간 너머에
못다 한 마음인 양 인연의 붉은 아픔이
산자락에 남는데
괴롭고 슬퍼하는 마음은
저 하늘에 접어 두고
가는 구름이 아쉬워 눈을 감으면
아~
그리운 사람이여.

가을이 오는 소리

당신은 잊으셨나요
푸른 잎새들이 여물어 가던
8월 산장에서
이슬에 젖어
뚝 뚝 떨어지던 아침
산여울 숲 바람 소리를

당신은 가을이 오는 들판에 서서
생각하시나요
만삭이 된 벼 포기가
거룩한 업적을 깃발로 토해 내는
시절의 아침을

계절을 잃은 울타리 호박이
마지막 꽃을 피울 때
멀어져 가는 하늘만큼이나
아들을 향한 그리움 땜에
홀어머니는 빈손으로 밤새워
물레질을 했더랍니다

건강한 몸으로 돌아오세요
잘 익은 옥수수를 쪄서 실어 주던
대합실에서
정녕 누나 같은 땀 젖은 여인의 뒷모습이
자꾸 눈에 어리는데

이별은 우리에게 어떤 해답도 주지 못한 채
바람 소리로 비가 내린다
가을을 부르는 바람 소리로
차창 밖 샐비어 어깨 위에 내린다.

12월

해 다 가는 달
독거노인의 한숨 같이
찬 숲에 내린 긴 그림자
댓돌 헌 고무신짝에
체념의 형체로 노닐던
겨울 저녁 해가 서산 넘으려는데

정리할 것도 없이
그저 뺏겨 버린 한 해로
낮은 기침 소리 남기고
우리들 곁에서 멀어져 가면

언제였던가
가을꽃이 피어 날리던 거리에서
사랑이라는 이름으로 둘이 만났던 날이
나비와 꽃과 벌들이

그런 순간이 지난 지금에 와
악수를 남긴 슬픈 입술처럼
그리움으로 남았다.

오신다더니

달빛은 가을 창에 있고
바람은 별을 재우는데
님은
따로이 먼 곳에
늦은 밤 오실 리 없으련만
울타리 매어 놓은 누렁이 한 마리
그저 밤새 잠 못 이룬다

맨드라미 피고 지고
고향 마을에
소쩍새 울어대던 초저녁이면
콩청대 모깃불에 눈이 아리던
7월 그믐 이맘때
오신다더니

진고개 넘어 들면
작은 개여울
옥양목 희고 고운 팔소매 잡고
잊지 않겠노라시던

그런 말씀이
아직도 남아 있는데
백일홍 붉은 꽃이 다 지고 나면
그때는
오신 길 혼자
되돌아가시렵니까.

연가

스물네 해 동안
꽁꽁 언 마음 강은 풀리고

저어기
가발한 여인은
꽃줄 마른 내 정원에 썰매를 밀며
이젠 여물어 버린
해바라기
기인 모가지와 가슴에
핏기 잃은 키스를 한다

지향하던 태양빛이 다시 머문 땅
살기를 그만둔 사람들이
한데 모여 다시 노래를
부른다.

나의 일상

남쪽 바람
물수건 축여 바른 엊그제부터
잎은 다시 피기 시작했고

꽃은 뿌리부터 다른 가지로 자라서
내 어지러운 시간 틈바구니에서
아주
그 이전에 섧게 지고 말았다

지루한 장맛비처럼
긴 의미와의 전쟁에서
분광하는 야망을 식히고
조준선을 직선으로 그어 버린 어제와

거울도 필요 없이 살아온 내 조상과
그런 상관없는 유산들을
까맣게 토하며

커튼도 없는 창에 앉아 부른 노래와

그건
어쩌면 참아 버린 옛날얘기처럼
귀에 고스란히 남아서

쨍쨍하게 볕이 내린 날
언젠가는 확 터져 버릴 라일락
꽃망울 같은 건지도 모른다

설움에 젖어도 불지 못한
클라리넷 서곡이었는지도 모른다.

낙엽일러라

돌섶엔 별 그림자
지는 달무리
물보라 부신 창가에
난 낙엽일래요

길은 바닷길
아기 제비 길
강남 목마른 바람이 불 땔랑
그해 지지도 못한 슬픔을
뚝뚝 흘려보내고

목이 긴 당신의 약한 가지에서
그렇게 파란 그리움 땜에
흙 속에 거름을 준 전설이 되어

꼭 매달려
죽고 싶은 낙엽일래요

필 때 피지 못하고

질 때 지지 못해서
마지막 잎새 남은 이대로
너무 미더운 당신 때문에
훌쩍 떠나 버릴 수 없는 낙엽일래요.

그 사람

등불 밝혀 새운
마중은
별 무수한 서리 찬 새벽이었다

참새
쬐그만 날개
푸르르 털고
그렇게 말간 아쉬움으로 으레 잎은 지게 마련인데

지극히 매운 남극의 눈보라 소리
핏색 번진 발부리로 철길 위에 선 아슬한 동향
정처하는 나비 될까
풋풋하던 그 계절에만 살아
다시 되돌아오는 아픈 얘기

고개 숙여 헤어지던 그 사람은
고향 역엔 자꾸 눈이 쌓일 텐데
희고 긴 목에 빨간 털장갑을 뜨며
아직도 이 밤을 새우고 있을까.

소녀에게

흰 목과 가슴에 초롱이
눈 맞추고
눈은 파아란 바다

억겁의
태초 속에 머무는
파르라니
하얀 숨소리로

소녀야 이슬이 내리나 보다

퇴색되지 않은
먼 입술을 바랬노라고

두 번 줄 수 없는
애모의 눈길 땜에

금세
긴 속눈썹에

이슬 한 방울
맺혔었나 보다

소녀야
그때 그 시절 꽃입술 씹던 정원에서
은하의 밤을 새고 싶다던….

10월 강가에서

바람도 온종일 불어온 하루
가슴 한 곳 빈터에

밤새 저렇게 가랑비는
눈물을 뿌리고

이룰 수 없는 애틋한 사랑은
타고 남은 마지막 불씨가 된다
푸른 계절의 안개 속에
잠깐 일고 간 바람 같은 걸
이야기하고 싶은 건가 보다

너와 나의 우정이 흐르는 계절
사랑은 끝 간 데 없고
맺을 수 있는 건 바람뿐이다

옷깃을 여미며
공항에서 돌아온 저녁
쓸쓸하게 남은 마로니에 향기 같은 것

전설처럼 들려주던 할머니의 슬픈 가을 얘기처럼
네 검은 눈동자는
지금도 남아 있는데
오랫동안 보지 않은 얘기를
오늘 꼭 너와 하고 싶구나

강변에 서서

늘상 황혼에 묻혀 사는
물새 한 마리 되어
멀리 하늘 끝 닿은 곳에서 오렴
친구야

잃어버린 푸른 얘기를 안고
그 강심 깊이를 건너
맥맥히 흐른 세월을 건너
꿈결처럼 나에게 오렴

풀줄기 사이로
흩어지는 달빛을 목말라 마시고
강 언에 부딪혀 오는 바람을 맞으며
옛 벗은 작은 배를 타고
이슬 맞은 손으로 그렇게 오겠거니

나는
언제나 작은 모닥불을 준비해 두리라.

어떤 밤

그날은 그렇게 모든 걸
잊어버릴 수 있어 좋다

작은 창문에 부딪히는 바람과
빗소리
안개 걷히는 소리
사랑하고 싶은 여인과 헤어지던
길목에 피던 도라지꽃일랑

아프지 않게 어금니 지그시 깨물면
아스팔트에 씽씽하던 바람 소리
그 바람 소리 혈관을 타고 흐르는
피곤한 하학 종소리
철길을 걸으며 듣는다
그건 먼 어제였지만
내 생성의 뜨락에 가난한 삶
시커먼 화물 찻간을 뒤지던
까만 손톱에 그 거친 손톱에
분홍 물들이고 사슴 한 마리도 재운다

용광로의 분화로
불타는 강
그런 걸랑 짓뭉개 버리고
망설임 없이 혼자 방황할 수 있어 좋다.

불안의 내막

칼빈을 메고
초소를 휘돌아
찬 새벽 어둠을 깨물다

점검되어 가던 점호대열
그 주변에
역겨워진 열 개의 꽃 자주색
바람이 재워지고 있었다

그것은
꼭꼭 쟁여지던 내 아홉 살 저잣거리 광장에
햇살처럼 분열되어 가던 현상이었다

두려운 내 한 계단 계단에
밟아 버리고 싶은 충동의 계절은
다시 아침을 짓고

단바람을 자꾸 목말라 바르던
아픈 하루 낮 때문에

새벽 안개 속에
태양은 뜨는가
고요히 밤은 새는가.

근황

병이라는 것을
알면서도
난 시작을 했고
아픔을 알아낸 후엔
난 고독에 눈물을 흘려보내야 했다

새삼 느끼는 진실
나만이 알면서도
자신을 잡지 못한다
그것은 아무에게도 오는 어차피
홍역 같은 것

깊이 말라 버린 이후
해면처럼 가라앉은
가슴
아~
비만 내려 퍼부어 다오.

비 오는 밤의 편지

누적된 습도 위로
달리아 꽃잎이 진다
비안개 속을 헤집고 가는 바람

멀고 먼 벗을 향해
여름 편지를 쓴다

소년이 되어
가장 아름답고 싱그럽게 살갗을 태운
7월이 가고

부질없던 젊은 꿈이
아! 한정 없이

푸르게
씻겨 내린다.

후회

즐겁고 아쉬운 것만은 결코 아니러니
지금 허무와 적막이 누비고 간
아스라한 벌판에서
세월이 주고 간 고독의 열매를 씹는다

숱한 사연을 새겨 놓은
모가지와 가슴에
오늘은 어느 낯 모르는 손자국이
생채기를 내느냐

나를 부르던 너의 눈망울 새로
수없이 방울지던 구슬알처럼
지금 창 너머에 촉촉이 비가 내리는데
너와 내가 찾던 아지트에서
몰래
고배의 잔을 비우고 싶다.

제4부 신년 새해는

송년

모두 다
나를 두고 멀어져 갔어도
새날은 저만큼서
내게 다시 오고 있는 걸

구름 한 송이
별들의 숲으로 흘러가도
아침 동산은
찬란한 새벽을
준비하고 있는 걸

그렇게도 아파했던
지난날이 너를 두고
이룰 수 없는
사랑이라는 걸

젊은 새가 되어
푸른 하늘이 되어

정녕 당신은 오지 않는
거리로 내가 갈거나

새해가 오고
새날이 오면
모든 소망이 영글어 갈
환희의 거리를
찾아 나서리라

떨어져 간 잎이
꽃이 되어
다시
돌아오는 길목으로….

신륵사

강江
깊은 속에
침묵하는 역사
바위옷을
헤치고 바람이
6세기를 불다 갔고
구름이 강江이 좋아
잠시 머문 이 터에
지체 없이 떠나와야 했던
귀향길은
모래알만큼이나 많은
유배지의 비애를 낳고
천년 비바람에도
거목은 쓰러지지 않고
잘도 살아왔는데
젊은 여승의 이루지 못한
애달픈 사랑이
저 끊길 듯 이어지는
목탁 소리로
이제 머물려는가.

신년 새해는

어제 태어난 아기의 머리맡에
별의 이름으로 오늘 은총이 내리고
처진 어깨를 감싸 주던
어머니의 미소처럼 따사로운 아침 햇살이!
새해는
그렇게 무조건 행운이 배부되는
날일 순 없어도
광 속에 속삭이는 밀알의 소망과
뿌리면 싹이 트는 어김없는 원리를
생각하게 하소서
바다는 침묵하는 인내를 배우게 하시고
지줄거리는 태양과 굵은 이슬과
8월의 푸른 벌판이
이 세상 모든 사람들에게
늘 함께하게 하소서
사람이 경영하는 일에
어려움이 없을 수 없고
잎이 피어나 꽃들이 아름다워짐은
춥고 바람 매서운 겨울을 이겨낸

뿌리의 인고로 이루어지는 것을….
농부가 쟁기를 벗어 던지고
장님이 지팡이를 잃어버린 이 슬픈 세상이지만
새해가 오고
새날이 오면 어떤 지도자의 꿋꿋한 자세가 우리의
구세주가 되어
기적처럼 이 땅에
머물게 하소서
오늘
동녘에 떠오르는 저 눈부신
빛살이 우주 전체에
퍼져 나갈 때
광야를 달리는 흑마의 기상으로
우리가 힘차게
달려 나갈 수 있도록
대지의 신이여
우리에게 길을 열어 주소서.

먼 산 나무

눈비 오는 마을
갈숲에서 날아오르는 기러기 떼
저녁을 짓는 저문 연기는
황토 검은 굴뚝에서
피어오르고

먼 산에서 한 짐 져 온
장작을 패는 늙은 머슴의
땀 젖은 목수건

뒷산 숲에선 수꿩 한 마리
푸드득 깃을 찾는데
여덟 군데 매어 놓은 올무엔
산토끼 한 마리 안 걸렸어도

청솔가지 아궁지 지펴
주인 어르신 사랑방
머슴은
가마솥 한 가득
물을 데웠다.

보름달밤

낙뢰 맞아
숨 멎은
묵은 은행나무에도
겨울 달빛이
어리고

꽃 피는 새 동네
색동저고리
앞 뒷산
망월놀이
청치마폭에 싸여
옛 시절 멀어져 갔는데

술래잡기
밤새우던
연자방아터
넓은 마당에

동치미 나누어 먹던

동무들은
지금 어디쯤서
그 달빛 시리던
기-인 겨울밤을
못 잊어 하는가.

4월은 회원回願의 달

잃어버린 시간은
저편
이제
산마다 활화산이 피어올라
저리도 붉게 타오르는 것은
열아홉 봄색시
속으로 타는 서러운
정열일 게다

나라 위해 가신
님이야 멀리 있어도
꽃입술에 불타는 4월 강은
계절의 아픈 가슴에 와
다시
상처를 어미고

민들레 꽃잎에도
작은 입맞춤으로
바람은 비에 젖는데

4월은
회원回願의 달
숭고한 피의 계절이었음을….

병실에서

어쩌다 기분 좋아진 날
내 병실에
찾아온
맑은 아침 햇살
긴 행려의 숲속에
어젯밤 꿈
반짝이던 개여울
등불에 젖은
떡갈나무 잎
포장을 치고 살아왔던
내 조상의 끈끈한
애정 같은 거
망망한 대해大海를
비춰 주는 등댓불!
가난했넌 지난날
내 어머니의 극진한 자식 사랑
같은 거
이 아픈 세월이 가고
내가 숨 가쁘게 걸을 수 있는 날

언젠가 내가 따뜻한 피로
누군가에겐 갚아 주어야 할
순수한 기도 소리 같은 거.

개천절

백두대간
어깨
등허리를 지나
흐르는 거센 물줄기가
압록강 두만강을 이루고
눈을 부벼

일어나는 새벽!
흑마를 달리던 몽고 벌판에도
고려 민족의 핏줄이 어렸다
어둠을 걷어 내는 힘찬 태동으로
하늘이 열렸으니
멈추지 않는 세월의 거대한 수레바퀴가
5천 년의 역사로 흘렀다

뻗어 가는 대한의 얼
극동의 해 돋는 나라에
재주 많은 국민이여
무궁화 삼천리
화려 강산.

2008 겨울

도시는
잿빛 먼지를 던지며
겨울 휘몰아치는 바람으로
금융 위기 하늘에 항의한다

금강산 관광에서 한 여인이 죽고
유난히 무덥던 여름
대운하
경제 깃발로
당선된 대통령이
고단한 머리를 숙이셨다

젖은 가슴으로 애들을 안고 싶은
희망이 소멸된
아침만의 도시에
저물어 가는 한 해!
그래도
대왕님표 여주쌀은
서울 거리마다 빛나고

초가집 고드름 낙숫물을
받던 작은 손에
가만히 얹어 주시던
어머니 따듯한 손
고향
손칼국수가 그리워진다.

겨울 허수아비

가슴에 끊어진 빈 탯줄
길게 드리운 채
맵시 있는 밀짚모자
어디 두고 빈 들판에 홀로 서 있는가
젖은 멍석을 널어 말리는
농부의 마음이더냐
영영 돌아오지 않는 사람들의 얼굴들
믿음이 용서치 않는 사랑 때문에
12월 눈은 오다 말다
긴 가래 턱 높은 논둑에
까막까치 한 마리
얼어붙은 흙덩이로 입을 씻는데
얼음 깔린 논배미
가을 햇볕에 그을린 어깨
고개 숙이는 허수아비.

서낭당 할아버지

여든 날 하루쯤
내 쓸쓸한 창에
소식을 전하는 친구가 있어 좋다

버들치 잘 사는 마을
주저리주저리 열린
산배 따 먹으러
산까치가 날고

일찍 저세상을 떠난
사촌 동생이 심어 놓았다는
장뇌삼은
어디쯤서 자라고 있을까

그냥 손으로 떠 마셔도 좋은
산
개여울 물
밀뱀이 지나고

아주 오래전
서낭당 할아버지는
돌아가신 지 하마 오랜데
할아버지가 앉아 기침하시던
장고개 마루턱 빈집엔

지금도 가끔씩
산새 한 마리
찾아와
쉬어 가고 있을까.

등대

비는 뿌려도
파도는
사랑의 파도는
밀어를 잃지 않고

구름은 어제와 오늘을
다스리며
네 손짓하는 의미도
알지 못한 채
다음 세계로 흐른다

욕심하지 않으며
자만하지 않으며
어제의 화려했던 날을
오늘에 비추어 기억하지 않으며
참음은!

죽음보다 더 고결한 삶인 것을
업으로 살아온 당신

성스러운 내 조상의 가르침인 양
알고도 말하지 않는 당신의
침묵의 이유를 압니다

한 세대를 지켜야 할
내 대견한 여자의
오늘이사….
눈물 젖은 소매 걷어붙이는
피리 소리의 의미를 압니다.

초겨울 산사

산행에 오르는 길
11월 저문 가지에
은행잎이 떨어져
눈처럼 쌓인 거리가
햇살처럼 밝다

단풍나무 잎
일곱 손가락을 활짝 펴
손녀 은영이처럼 고운데
할아버지께서 은둔해 사셨다는 산사에
겨울 나그네가 찾아와
약수를 한 잔 마시고
유유히 멀어져 갔다
가는 비 오는 숲속 길로

11월 해는 저물어 가는데
여인의 수능 기도 참배
큰스님 목탁 소리

저녁 예불을 맞은 묵은 은행나무에
노란 연등이
무더기로 다시 열렸다.

동일 冬日

창문까지 다가와
때 낀 하늘

문고리 벗겨
삐익 열어 본 거기에
반지르르
기름 흐르는 지맥
그 고고한 속살에
회수되어 간 실존이

후회

동면하는 가슴 자리
무형의
강이 흐를까

하얗게
다가앉은 계절.

손수건

작별의 찻잔에
하얀 이별의 글씨를 메모하고

열 개의 꽃잎으로
다신 돌아올 수 없어서

회색빛 도회에
10월처럼 내린 슬픔과

거기에 버려진
침묵을 고이 싸서
향수를 바른다

너의 넓은 이마 폭에
절대 눈물을 보이지 말자고
고이 접어 넣어 주던 미소

손가락 마디마디로
시린 태양이 부시면

난 네 하얀 실올을
눈 오는 거리로 훌쩍 날려 보낸다.

향념
―제2차 남북적십자회담

빗장을 꼭 잠그고
열리지 않는 사립문 안에
네 조상이 나서
숨 쉬는 꽃순을 이슬의 신으로
모시던 아침은
컹
컹
개가 되어 짖어 대며
녹슨 창살로
아무렇게나 상관없는 날이 밝고 있었지만

잃어버린 시간만큼
동그랗게 가슴을 파고
거기에 활화산의 착념이
하나
둘
세 해
불타다가
아!

이제 응시하는 눈매로만 남았지만

꾹 꾹
한숨을 다스린
무던히도 흐른 세월
너와 나의 눈초리를
무궁화의 진한 향기로 오늘 서슴없이 씻게 하라.

외손자

딸애는 큰애와 병원에 가고
두 살배기 손자놈
높은 곳 올라가길 좋아한다
내가 의자에 세워 보여준
창밖 풍경
가을날 낙엽이 지는 거리로
늦은 출근길 바바리 코트 예쁜 아가씨
그놈은 엄마에게처럼 손을 흔든다
잠깐 더 높은 의자를 바꾸러 간 건 내 잘못이었다
내가 없어지자 그놈은 떨어지고 말았다
한바탕 울음바다
유모차에 태워 어두운 곳에서 재웠다
얼마 후 딸애가 오고
오는 기척을 용케 알고 깨어난 손자놈
의자에서 떨어졌던 오른쪽 뺨을 자꾸 가리킨다
딸애는 영문을 모르고
나는 딸애한테 그 얘기를 못 했다
호호해 달래는 건데.

DMZ 비가 내린다

열무빛 구슬 같은 세월을
질겅질겅 씹으며
사랑의 테마로도
이야기하고 싶지 않은 순수한 하루가

겨울을 타고 내린 흙탕물의 강에
비가 내린다
졸려도 잠 오지 않는 밤은
그렇게
퉁퉁 부어오른 눈으로
아픔을 부시며 줄줄 내린다

부어오르다가
뜨겁게 부어오르다가
그런 강물 되어
뿌려질지도 모르는 피고름으로
그 후엔 아픈 상처를 매고
몇몇 날을 서성이며
쨍쨍 볕이 내린 날

말라 버릴 너

오랫동안
너의 손으로 매고는
걷지 않은 철조망 주변에

차라리
깨질 것 같은 불안으로
거칠게 내린다.

서호

발행 I 2017년 2월 3일
지은이 I 신동호
펴낸이 I 김명덕
펴낸곳 I 한강출판사
홈페이지 I www.mhspace.co.kr
등록 I 1988년 1월 15일(제8-39호)
주소 I 서울시 종로구 인사동길 5, 408(인사동, 파고다빌딩)
전화 735-4257, 734-4283   팩스 739-4285

값 10,000원

ISBN 978-89-5794-350-2 04810
    978-89-88440-00-1 (세트)

※저자와의 협약에 의해 인지는 생략합니다.